哲子の部屋

Hybrid Edutainment

I

哲学って、考えるって何?

監修● 國分功一郎
NHK『哲子の部屋』制作班

河出書房新社

哲子の部屋 I

「哲学って、考えるって何？」

監修●國分功一郎

NHK『哲子の部屋』制作班

イラスト●井上愛香

装幀●岩瀬 聡

「哲学」は、モノの見方・考え方を一変させる

哲子の部屋 Ⅰ 「哲学って、考えるって何？」 目次

本書は、Eテレ特番『哲子の部屋』第三弾【第一回】（二〇一四年八月一七日（日）放送）を元に、未放送の収録内容を大幅に加えて再構成したものである。

はじめに

頭の中がかゆくなる……。

まるで旅をしているかのよう……。

女優の清水富美加さん、俳優・ミュージシャンのマキタスポーツさん、そして哲学の教師である私が、さまざまな素材を使いながら哲学の話をしていくテレビ番組、『哲子の部屋』の中で、清水さん、マキタさんが口にされた感想がこれです。

あまり例を知りませんが、たぶん、これまでも哲学の番組、あるいは、それに類するものが、いくつかはあっただろうと思います。

おそらく、そうした番組というのは、ちょっとしたイラストやアニメーションなんかを使いながら、専門家がタレントさんに、「この哲学者はこんなことを言ったんですよ～」

と説明して、「へぇ〜」とリアクションがあって、たまに笑いがあって、最後に視聴者が、ちょっとばかり物知りになった気になれる、そんな番組だっただろうと思います。つまり、哲学についての知識を伝える番組です。

ディレクターの佐々木健一さんと私が『哲子の部屋』を構想していくにあたり、何としてでも遠ざけようとしたのは、そうした番組でした。どうしてかというと、それでは、哲学の番組にならないからです。

哲学は「概念」というものを扱います。それが何であるのかについては是非とも本文をお読みいただきたいのですが、哲学の番組であるならば、何か概念を取り上げなければなりません。

しかも、概念というのはやっかいで、「誰々が何をした」とか「何年に何があった」というたぐいの単なる知識として知ることはできません。それではまったく概念を理解したことにならないのです。

たとえば、空手で形《かた》を身につけたと言えるのは、何も考えなくても自ずとその形に沿って身体が動く、そういう状態になった時のことです。概念についても同じことが言えます。その概念が自ずと考えを導き、口から自然にその概念が出てくる……そういう状態になってはじめて、概念を理解したと言えるのです。だから、それはむしろ、〝体得〟というべきかもしれません。

哲学を学ぶとは、概念を体得することであり、概念によるモノの考え方を身につけることです。

そして、これを身につけるためには、実際にやってみるしかありません。

泳ぐとはどういうことかを人が理解するのは実際に泳いだ時であり、モノを考えるとはどういうことかを人が理解するのは実際にモノを考えてみた時です。実際に泳いでみなければ、実際にモノを考えてみなければ、泳ぐとは何か、モノを考えるとは何かは分かりません。

とはいえ、ここで大切なのは、泳ぎを理解させようとして、泳げない人をいきなり水の中に放り込んだりしたら、その人はおぼれてしまうということです。「実際にやってみる」とは言っても、いきなり一人ではできません。そして、いきなり一人でやることは危険でもあるのです。このことは、モノを考えるということについても同じです。一人では危険なのです。

だから、「実際にやってみる」のを手伝ってくれるコーチのような存在が必要です。この番組が目指しているのは、概念の体得に関してのコーチとなることです。うまくいっているかどうかは分かりませんが、がんばって制作しました。そして、そういうことを実際にやってみると、その途中で、頭の中がかゆくなったり、旅をしている気分になったりするみたいなのです！

この書籍版には、放送時間の都合でカットした場面も含まれています。この書籍版で、そんな番組の雰囲気を味わっていただければと思います。

國分功一郎（監修）

第一幕

「そもそも哲学って、考えるって何？」

人生を楽しくする哲学

マキタ　さあ、なにか異空間と言うか、妙なところに閉じ込められてしまいましたけど。

清水　楽しみですね。

國分　この番組は、『哲子の部屋』なんていうふざけたタイトルをつけてまして（笑）。でも、そのふざけたタイトルにもかかわらず、今年で三回目の夏を迎えることができましてね。意外と評判いいんですかね。

マキタ　彼女がまた、「わからないことはわからない」ってハッキリ言うタイプなんでね。

清水　「どんどんわからないこと聞いていいよ」って（ディレクターに）言われてるので。

國分　この講義は哲学がテーマですけど、やっぱり素直に「わからない時はわからない」「ここはわかったぞ。すごいな、面白いな」っていうような、そういう生の感覚を大切にしていきたいと思うので、それでこういう対話形式でやっているんですね。

で、今回は二夜連続でやりますので、この二回をフルに使って考えていきたいんですけど。今回の大きなテーマは、「人生を楽しくする哲学」っていうのにしたいと思うんです。

マキタ　人生を楽しくする哲学……。

「哲学」に抱くネガティブイメージ

國分　まずは、「哲学って何だろう」という基本的なところからやっていきたいと思います。そこで、皆さんの哲学に対するイメージを聞いてみたいんですが。

マキタ　哲学って、たとえば企業なら「企業哲学」とか「経営哲学」とか。その会社の元になっている一番大事な考えとか、そういうことを指すイメージと、もう一つ、学問の哲学っていうのがあると思うんですけど、こっちは正直、何だかよくわからないんですよね。考えることをずっと考えているみたいなイメージさえあるし……。「それに出口あるの？」みたいな感じすら抱いてしまう、ちょっとネガティブなイメージがあるんですよ。「それ、役に立つの？」みたいな（全員爆笑）。ちょっととっつきにくい。

國分　すごくいいお話が出ました（笑）。清水さんは？

清水　哲学のイメージ？　イメージは……まあ、……なくても大丈夫（笑）。だって、何て言うかな。学校で義務教育の間に習わないし、結局「哲学って何？」って聞かれた時に答えられないから。ってことは「必要ないんじゃないか?」って(笑)。

マキタ　「必要ない」って言われましたけど、先生?

國分　ボク、いちおう、哲学の先生なんですけど……(笑)。

「哲学」=「考える」?

國分　清水さん、たとえば哲学と言えば、こんなポーズっていう「哲学ポーズ」みたいなの、ちょっとやってみてください。

清水　哲学のポーズ?

●「考える人」のような
ポーズをとる清水富美加

國分　やっぱ、それだよね？　哲学＝「考える」っていうイメージ。だから、「哲学っていうと、考えることなんでしょ？」っていうイメージは、なんとなくあると思うんです。この、皆さんが抱いているイメージを大切にして話を進めていきたいと思います。ということで、今日は、「考える」をテーマに哲学してみようと。

マキタ　「考える」を哲学？

國分　「考える」とは何か？　「考える」について哲学してみよう、と。ここから出発していきたいと思います。

マキタ　……まあ、そういうのがちょっとわかりづらいんですよね（笑）。

きょうのロゴス

國分　この番組では最初にいつも、対話のきっかけになるような言葉を出していて、それを「きょうのロゴス」って呼んでいます。ロゴスってのは、ギリシア語で「言葉」という意味なんですが、まぁ、あまり気にせずに。というわけで、今回の「きょうのロゴス」はこちらです。

きょうのロゴス

「人は考えるのではなく、考えさせられる」

清水　「人は考えるのではなく、考えさせられる」？　え？

國分　考えるんじゃなくて、考えさせられる。どういうことだろうね。

清水　なんだろう……〝受け身〟ですよね？

國分　おお、いいですね。何かそういうことを思わせる言葉ですよね。〝受け身〟。これ、すごくいいポイントです。ここら辺を出発点に考えていきたいんですけど。

「考えるって、楽しい」？

國分　「考える」ということについてね、世間でいっぱい、イメージや常識があると思うんですけど、そういうのをね、今日はひっくり返していきたい。そういう意気込みでやります。だから、もう、マジで行きますんで。マジでひっくり返す。世間の常識に挑戦していきます。

清水　お～、意気込みがジリジリと伝わってきます。

國分　で、「考える」に関する常識ですが、「考えるって楽しい！」ってフレーズ、目にしたことありませんか？　僕も哲学の先生だから、哲学の本をよく手に取るわけですが、こういうことが書いてあるのをよく見るんです。

マキタ　よく聞きますよね？　そういうフレーズは。

國分　聞きますよね？　「考えるって、こんなに楽しかったんだ！」みたいな。哲学の入門書の帯とかに書いてあったりする。僕はね、今日、これをひっくり返したいんですよ。

マキタ　それ、ひっくり返したい？

國分　はい、ひっくり返したいんです。つまり、「考えるって本当に楽しいんですか？考えることが楽しいって、もしかしたら嘘じゃないですか？」と言っていきたい！

清水　え⁉　「楽しい」をひっくり返しちゃっていいんですか？

國分　さっき、「人生を楽しくする哲学」とか言ってたのにね（笑）。

清水　逆の方向に行って……。

國分　「人生が楽しくなる哲学」と言ってたくせに、今度は「考えるのは本当は楽しくないんじゃないか」と（笑）。ちょっと矛盾してるように聞こえるかもしれませんが、ここから話を進めていきたいと思います。

「哲学」は、あらゆる学問の原点

國分　先ほどマキタさんが「学問としての哲学」という言い方をなさいましたけど、学問として哲学を見たときには、哲学はいろんな学問の原点にあるものなんですね。

どういうことかというと、二千年以上前ですね。紀元前四世紀ぐらいなんですけど、古代ギリシアで哲学が始まった。で、その頃の有名な哲学者と言うと、名前ぐらいは聞いたことがあるかもしれませんが、プラトンとかアリストテレスっていう人がいたんです。この人たちの本を今読んでみると驚くんですが、ものすごくいろいろな分野のことが書いてあるんです。たとえば、アリストテレスだと生物学の本があります。イソギンチャクの研究とかしている。今から見ても正確なことが書いてある。あるいは、プラトンだと天文学の本もあります。また、プラトンはすごく数学を大事にしていた人なので、もちろん著作にはその話も出てくる。

清水　え、哲学なのに？

國分　そうなの。他には、もちろん、政治学とか、あとは道徳とか生き方を扱う倫理学もある。論理学になると、かなり哲学っぽいかもしれない。とにかく、実に多くの学問が入っているんですよ。

つまりね、元々はそうした学問がいずれも哲学だったんだけど、それが時代を経ていくにつれてどんどん離れていったということなんです。それぞれの学問が自分の家を持つような感じ。政治に関する哲学が政治学になっていったり、天体に関する哲学が天文学になっていったり。

マキタ　今で言う「学科」みたいな感じですかね。

國分　そうですね。みんな哲学という本家から分かれて分家になっていった。だから、たどっていくと、あらゆる学問の原点には哲学がある。そういう意味では「どんな学問も哲学に通じている」とも言えるんですね。ここが、まず最初に学問としての哲学について頭に入れておいてほしいことです。

「哲学者」って何者？

國分　じゃあ、哲学がそんなものだとして、哲学者っていう人たちは一体、どんな人たちのことを指すんでしょうか。哲学者って、誰か知っている人、います？

清水　え？　何でしたっけ、「プランクトン」じゃなくて、あの……、プラ……なんとか。さっき出てきた名前しか知らない。

國分　プラトンですね（笑）！

じゃあ、どれぐらい哲学者をご存じか、ちょっとここで「哲学者クイズ」を出していきますね。

清水　お！　クイズ好き～！

國分　クイズ、好きですか！　でも、清水さんを楽しませるようなクイズにはならないかも（笑）。「哲学者クイズ」に答えてもらいながら、哲学者って何者なのか、考えていきましょう。

では、まずこちらの人、見たことありますか？

●ルネ･デカルト(1596~1650)

國分　どうです？　見たことあります？

清水　ベートーベン？

國分　ベートーベンではありません（笑）。超有名人なんですよ、哲学の中で。この人ね、ルネ・デカルトって人なんですね。

マキタ　聞いたことある。

清水　知らない。まったく知らない。

國分　さっき話したのは、古代の哲学ですね。プラトンとか。もう二千年以上前ですね。このデカルトっていう人は、近代の哲学。大体、江戸時代の初めぐらいの人です。そのぐらいの時代に、新しい哲学が始まったんですけど、それを作ったのが、このデカルトなんです。

この人がたいへん有名な言葉を残してるんですが……。マキタさん、どうです？

マキタ　何かで聞いたことあるんだよなぁ。何だっけ。

……そうだ、「我《われ》思う。故《ゆえ》に我あり」。

清水　我思う、故に我あり……。ん？

マキタ　何言ってるんだろうね。

國分　「我思う」ってのは、私は考えるという意味ですね。

清水　私ハ考エル…。故ニ…。

マキタ　片言になっちゃってる（笑）。

清水　「故に」って何でしったっけ？

マキタ　「だから」。

清水　「私は考える。考えている。だから私がある」？

國分　「私が存在している」っていうこと。今回はこれを解説する回じゃないけど、ちょっとだけ説明すると、デカルトって人は、「世の中のモノって、何でも疑えるでしょ！」って考えたの。「1＋1＝2だって疑えるじゃん」、「ここに俺の体があるってことも疑えるじゃん。夢見てるだけかもしれないから」って。そういう確かじゃないものを真理だと信じ込まされているかもしれない。だから、よくよく考えると、何をよりどころにしたらいいのか困ってしまう……というわけ。

でも、「確かなものが見あたらないこの現実の中で、一つだけ確実なことがあるぞ！」ってデカルトは気づくんです。それは、「確かなものがない」って自分が疑っているということです。自分がいま疑っている、つまり何かを考えているってことだけは確実じゃないか、と。これってすごい発想の転換だと思うんですけど、周りばかりを見ていたところで、突然、自分に目を向けたわけですね。すると、「実際にいま俺はものを考えているわけだから、考えている俺がここに存在していることは疑えないじゃないか！」となる。つまり、「何でも疑えるけど、疑っている俺自身はいるじゃん。これは疑いない」っていうことなんです。いかがでしょう？

マキタ　はい、分かります。

國分　どんな時代も、みんなでいろんなことを信じて生きています。「大体こんなもんでしょう」って思っている。でも、哲学の歴史を見ていくと、それを疑っちゃう人が出てくるんです。〝新しい考え〟というのがそこから出てくる。デカルトがはじめた近代の新しい哲学というのは本当に画期的だったんですけど、それが「疑う」っていうところから始まったというのは本当に象徴的なことだと思うんですよね。

デカルトが発明した意外なモノ

國分　でね、「哲学者」って一体何者かという話をもう少し進めたいんですけど、このデカルトって人は、清水さんでも知ってる、ある面白いモノを発明した人なんです。これ、見たことあります？

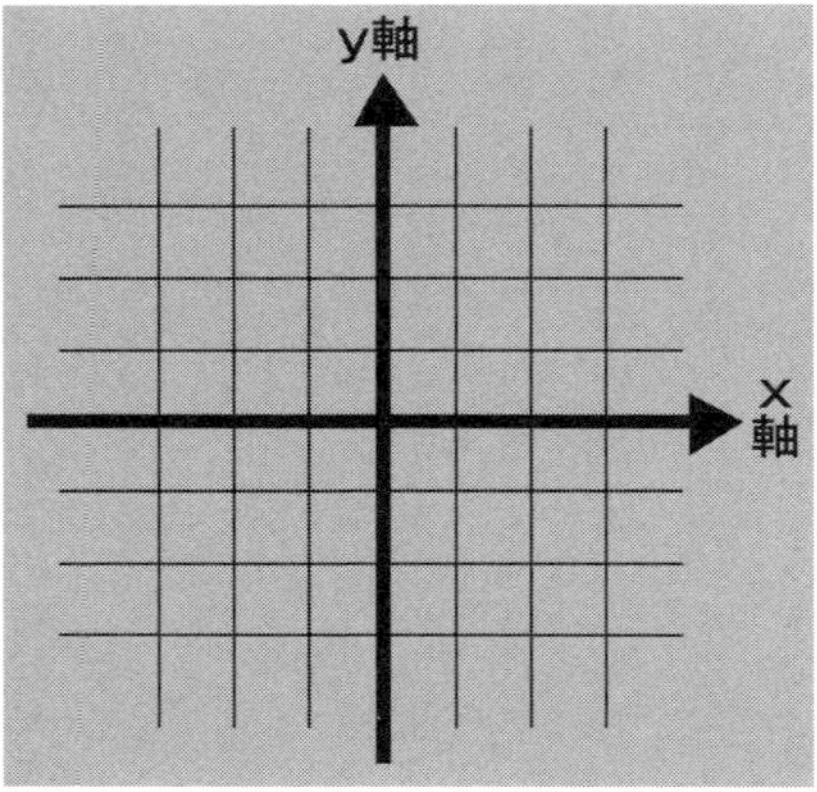

清水　あ！　これ、中学の時に見ました。数学で。

國分　中学の時にやったよね？

清水　……座標！

國分　そう、座標。座標って要するに何に使うんだっけ？

清水　何に使う？　……ごめんなさい、それはよくわからない（笑）。

國分　座標というのは、方程式を図にするためのものですね。XとかYとか、そういう変数でできた数学の式があったら、それを線として描くことができる。そういうふうに、方程式を図にして描くってやり方を考えたのがこの人なんです。式だけで考えるより、ああいうふうに図になった方がわかりやすいじゃないですか。

マキタ　数式が絵になってる！

國分　そう。座標がない、X軸とY軸という考え方が存在しない世界って想像できます？

マキタ　もはや考えようがないよね。

國分　そうなんですよ、すごいでしょ。数式の見方を一変させてしまったわけですよ、この人は。

デカルトはつまり、哲学者ですけど、同時に、数学者でもあるっていうことなんですね。

数学の本を残しているんです。だから、さっき僕が「哲学っていうのはあらゆる学問の原点にあって、何でも哲学につながってる」って言いましたけど、この人も超有名哲学者であると同時に、数学者でもあったということなんです。

医者も哲学者？

國分　もう一人行きましょう。次、この人はご存じですか？

マキタ　これは……ちょっと……気難しそうだぞ、この人。

●ジークムント・フロイト
（1856~1939）

清水　この人、哲学者ですか？

國分　あっ、それがまさにポイントで。このおじさんの名前は、ジークムント・フロイト。

マキタ　あ！　知ってる、知ってる。フロイト。

國分　名前は知ってますか？　この人ね、「哲学者なんですか？」って聞かれたらもちろん哲学者なんですけど、職業は「精神科医」なんです。医学部を出ているお医者さんなんです。

マキタ　ほう、お医者さんか。

國分　この人はね、なんで哲学者扱いになっているかと言うと、こういう考えを打ち出した人だからなんです。

「心は、〝無意識〟に支配されている」……ジークムント・フロイト

logos

國分　「無意識」って考え方を出した人なんですよね。無意識って言葉は、日常生活でも使いますよね？

清水　無意識、使います。家の鍵とか、そうですよね？　閉めたかな、閉め忘れたかなとか意識してる時は思うけど、大体「無意識下にやってる」みたいな。

マキタ　我々の世界（芸能界）で無意識は、「天然」とかって言ったりしますね。意識してやっていることとちょっと違うところ。だから常識外と言うか、決められた範囲からこぼれちゃっているところは、天然っていう扱い方にしてますね。

國分　「無意識」っていう言葉そのものはずいぶん昔からあったんです。だけど、この人はそれが一体どういうものであるのかを詳しく考えたんです。というのも、心の病を抱えた患者さんたちを医者として診《み》る中で、無意識が存在していると考えなければ説明できないことに何度も直面したからなんですね。そこで無意識っていう考え方を明確に打ち出した。

マキタ　それって、数学の「0《ゼロ》」という概念の発明みたいな感じですよね。無意識っていうものが存在するなんて。だって「無《む》」だよ！

清水　無がある。

マキタ　「無なのにある」なんていうのは、何か非常にすごい考え方ですよね。

國分　意識できないものなのに、それを何とかとらえようとしたということですね。フロイトの無意識という考え方によって、人間観がガラッと変わった。哲学はずっと人間について「ああだこうだ」と言ってきたわけですけれど、それが根本から覆《くつがえ》された。しかも、この人は十九世紀から二〇世紀にかけて生きた人だから、そんな昔のことじゃありません。

たとえば、自分がやっていることとって、自分でやろうと思ってやっていると考えてますよね。でも、清水さんは女優の仕事をする時、どうですか？　「こうするぞ」って思って演じてますか？

清水　意識しちゃうこともあるんですけど、やっぱりお芝居ってそうじゃないんですよね。だって、「今から話し掛けるぞ……『こんにちは！』」ってやったら不自然じゃないですか。

マキタ　でも、やろうと思ってやっちゃいけないっていうのは、逆にものすごく、この「無意識」の存在をわかってるっていうことじゃない？　意識っていう存在とかもわかっているんじゃない？

清水　あっ、そうですね。

マキタ　意識っていう存在がわかってるから、なるべくそうじゃない「天然」になろうと思ってるっていう思考ができているってことですよね。

清水　確かにそうですね。自然に、自然にと。

國分　いまのお二人のお話、今日の話ともつながってきます。とはいえ、まずここで言っておきたいのは、「哲学はいろんな学問とつながっている」ということです。だから、数学者が哲学者だったり、医者が哲学者だったり、いろんなパターンがあるんですね。

〝現代哲学の巨人〟ドゥルーズが唱える「哲学」の定義

國分　でも、結局「哲学って何なんですか?」というところが気になりますね。で、それにズバリ答えたおじさんがいまして……。

マキタ　え?　「そんなこと、言っちゃっていいの?」って感じじゃないですか。それ、言っちゃった人がいるんだ。

國分　そうなんです。それがこのおじさんです。

●“現代哲学の巨人”ジル・ドゥルーズ（1925〜1995）。
「哲学とは何か?」に対するドゥルーズの答えとは?

写真:UFERAS GERARD/RAPHO/アフロ

清水 ジル・ドゥールズ。

國分 いやいや（笑）、ドゥルーズね。

清水 （笑）。あれ？ ジル・ドゥルーズか。ジル・ドゥルーズ！

國分 名前が読みにくい（笑）。で、ですね、この人が本当にズバリ言っているんです。気持ちがいいくらい。「哲学」とは何か、ハッキリとこう言っています。

「哲学とは、〝新しい概念〟を作り出すこと」

……ジル・ドゥルーズ『哲学とは何か』より

logos

國分 っていうことなんです。ただ、ちょっと難しい言葉が入っているよね。

清水 「概念」？

國分 「概念」、これがよくわからないね。概念っていうのは、簡単に言うと「モノの見方」「モノの考え方」ってことです。

マキタ なるほど、スッキリするわ、先生がそう説明してくれると。モノの見方＝概念っていうことなんですね。

清水　全然すっきりしない……。

國分　そういうときは例から考えてみましょう。さっきの座標とか無意識を思い出してほしいんです。それがなかった時と、ある時と比べたら、えらい違いでしょ？

デカルトって哲学者は、それまで式で考えられていたことを図にしてみた。平面に線で描いたら分かりやすいわけです。これはつまり、座標っていう概念を作り出したということなんです。

フロイトの場合は、無意識っていう概念を出したと言えますね。人間は自分で自分がやっていることをわかっているつもりかもしれないけど、いや、実はわからないでやっているんですよ、と。無意識っていうものに、心は非常に強く支配されているんですよと言った。

座標にせよ無意識にせよ、そうした概念が出てくると、もはやそれ以前にはどうやって物事が考えられていたのかを思い出せない、想像できないほどに、モノの見方や考え方が変わってしまいますね。哲学者というのは、そういう概念を作り出す人なのだ、と、このジル・ドゥルーズ大先生はおっしゃっているわけです。

僕もいちおう哲学を勉強しているから知っているけど、いろんな哲学者が哲学の定義をしていくるんですね。でも、このドゥルーズの哲学の定義はすごくスッキリしているし、すごくしっくりくるんですね。

マキタ　僕は何がビックリしたかって、「概念」っていうのを「モノの見方」って先生が言ってくれたのが一番腑に落ちましたね。概念ってさ、人にあんまり説明できないんだよな。「モノの見方」でいいんだ。

ドゥルーズが唱える「考える」の新しい概念

國分　今日のテーマは「考える」と言いましたけど、このジル・ドゥルーズ先生はですね、その「考える」ということに関しても〝新しい概念〟を出してるんですよ。

清水　ほう？

國分　で、しかもこれがですね、ちょっと大げさな言い方をすると、哲学の二千年以上に及ぶ歴史の、ある種〝盲点〟を突くような……。

マキタ　盲点！

清水　二千年もの盲点を突く？

國分　ちょっと言いすぎかな。

マキタ　まだ隙があったみたいな。ここにまだ一本取れるみたいな感じのものがあったっていうことですか？

國分　ドゥルーズはそういうつもりで言っているんだと思うんだけど。

マキタ　へそ曲がりなんじゃないかな。

國分　（笑）。では、その盲点がこちらです！

「思考という積極的意志が、人間の中にあると想定するのは、哲学の犯す誤りである」

……………ジル・ドゥルーズ『哲学とは何か』より

logos

清水　ん？

國分　ちょっと難しいんで、文章を一つ一つ分解して考えていきましょうか。まず、「思考」は「考える」ということですね。じゃあ、「積極的意志」って、どういう意味かな？

清水　積極的意志？　積極的意志……。

國分　「積極的」ってどういうこと？

清水　えっと、「ズイズイ行く」っていう……。

國分　そう！「ズイズイ行く」感じ。いいね～！　そうやってイメージからとらえていくことが大切です。もう一方の「意志」という言葉はいいよね？

清水　「意志」は……、えっと～なんていうか、「前に進むような気持ち」。

國分　ですよね？　だから、「積極的意志」って、「ズイズイ前に進むような気持ち」のことですよね？

一同　（爆笑）。

國分　いいね～！　だから、さっきの文章に戻ると、「考える」っていう「ズイズイ前に進むような気持ち」が……。

清水　「ズイズイ前に行くような気持ち」が、「人間の中にあると……」。

國分　そのように考えること、そのように「想定する」のは……えっと、最後は？　何て書いてます？

清水　「哲学の犯す誤りである」。

國分　はい、ということになります。

「人は、めったに考えない」!?

マキタ　……これ、哲学に対する最後のツッコミですよね？　哲学の傲慢さみたいなことですよね？　哲学の中では、「人間っていうのはとにかく考えるもんだ」って思われてたけど、いやいや、人間ってそういうもんじゃないよってことですよね？

國分　そうですよ！　ですから、今ふうの言い方をしますと、ドゥルーズは哲学をめっちゃディスってるんですよ。

マキタ　ディスってる！　ディスってる（笑）！　そんな、自分が哲学者にもかかわらず、ある意味、究極的な「疑い」じゃないですか、先生？

國分　ですね。「人間は、考えようとする意志を、別に持ってない」って言っているわけですからね。

清水　ええ～!?　そんなこと……、そんなワケなくないですか？

マキタ　いやいや。

清水　え？　そんなワケないよ！　だって、何があっても考えちゃうじゃないですか！

マキタ　いや、自分が考えてるっていうのが、奢《おご》りなのかもしれない。

清水　どういうこと？

國分　まあ、だから、これ、もうちょっとわかりやすく言うと、「人間はめったに考えない」「人間はあんまり考えない」って言ってるんですよ。

マキタ　ハハハハハ（笑）。

清水　ええ～～!?

國分　とにかくドゥルーズって人はそう言っているわけです。人間はあんまり考えない、と。だからマキタさんが言ったように、哲学者たちは勝手に理想の人間像を作って、「こうやって人間は考えるんだ！」みたいなこと言ってるけど、「お前ら、全然、人間見てないだろ！　もっと人間をよく見てみろ！」というツッコミですね。

清水　エ～……。

國分　そうそう、「エ～……」って感じだよね。というわけで、ここで、最初に出した「きょうのロゴス」をちょっと思い出してほしいんです。

きょうのロゴス

「人は考えるのではなく、考えさせられる」

國分 そして、ドゥルーズは、「人間が『考えるぞ！』っていうズイズイ進むような気持ちを持っているなんて、嘘っぱちだ」と言った。この二つを混ぜて考えると、いかがでしょう？

清水 ん？

國分 それでも、やっぱり「エ〜……」って感じが残るよね。だって「自分はよく考えるもんなぁ」って思うわけだからね。

清水 だって、結果考えなくて良かったな、考えなくてもやり過ごせたなっていうこともあるけど、物事にぶち当たった時は考えることが大事だから、考えなきゃいけないって私は思うから、積極的に考えるようにしてる。

國分 なるほどね。考えるようにしているわけですね。

マキタ なんかこれ、〝哲学のための哲学〟みたいになってきていませんか？

國分 そういう面もあるかもしれませんね。

マキタ 俺、最初の「きょうのロゴス」を見てから頭の中でいろいろ考えて、だんだん頭の中がかゆくなってきていたんだけど。なんかわかりそうでわからない感じ。

國分 「頭の中がかゆくなる」っていい言葉ですね（笑）。じゃあ、そのかゆくなってきた頭の中をですね、もうちょっと、きちんと言葉でかくような感じでやっていきたいと思います。

第二幕

傑作ラブコメ映画『恋はデジャ・ブ』で「習慣」を哲学

哲学教材・映画『恋はデジャ・ブ』

國分　話を進めるために、今日はちょっと面白い教材を持ってきました。

●今回の哲学教材は、異色のラブコメディ映画『恋はデジャ・ブ』（1993年・アメリカ。出演:ビル・マーレイ、アンディ・マクダウェル、監督:ハロルド・ライミス）。
公開から20年以上を経た今も、カルト的人気の映画。

Blu-ray　恋はデジャ・ブ　発売中　¥2,381（税抜）
発売・販売元:ソニー・ピクチャーズ エンタテインメント

清水　お！　『恋はデジャ・ブ』。

國分　これ、一部に熱狂的なファンを持つ映画でして、すごく変わっている、マニアックな映画なんです。みんながみんな観ている映画じゃないんだけど。

これがですね、今日やってる「考える」ってテーマにピッタリの、いろんなエピソードを出してくれている映画なんですね。というわけで、「考える」ことを哲学するヒントとして、この映画のあるシーンに注目したいと思います。

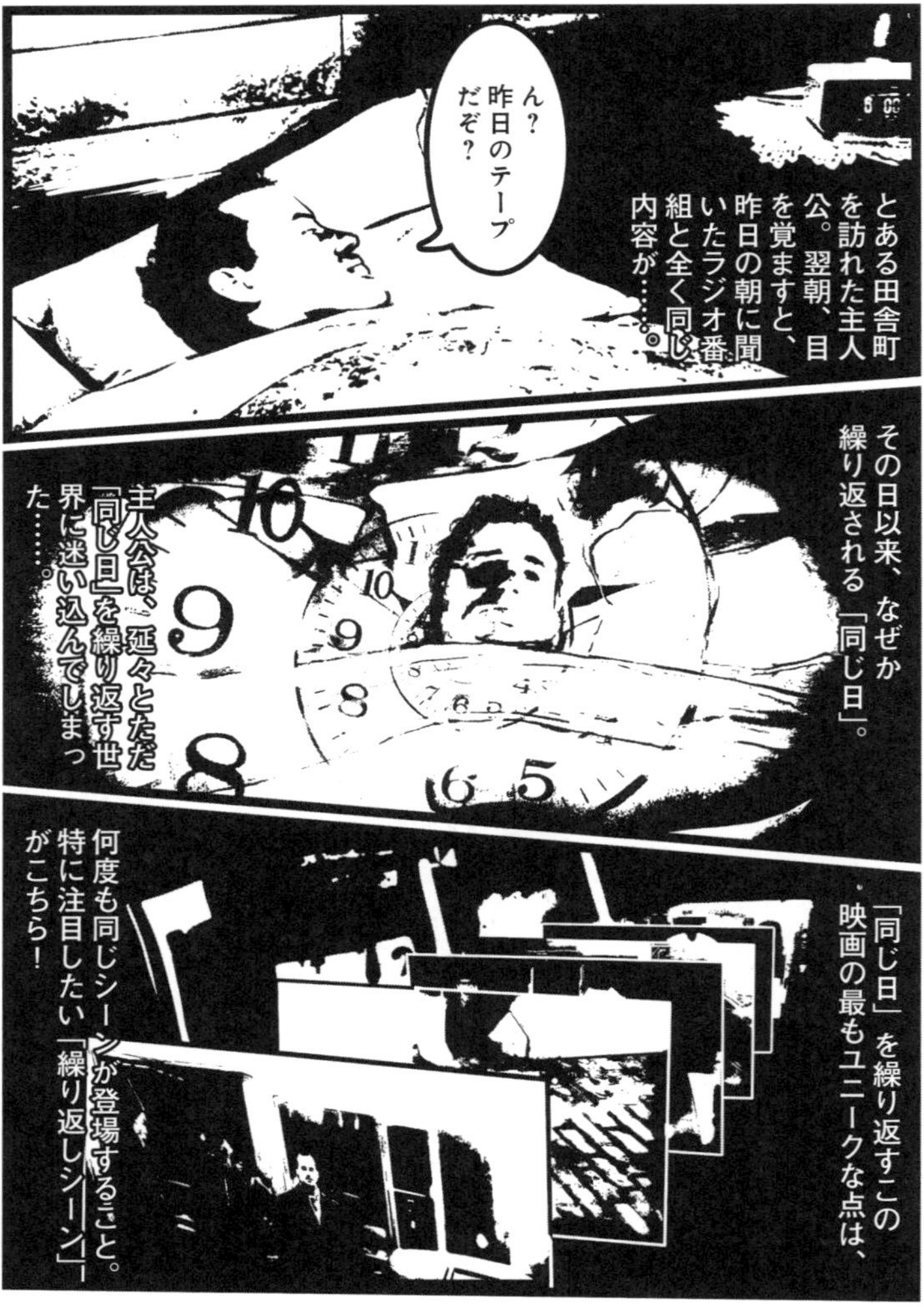
とある田舎町を訪れた主人公。翌朝、目を覚ますと、昨日の朝に聞いたラジオ番組と全く同じ内容が……。

ん？昨日のテープだぞ？

その日以来、なぜか繰り返される「同じ日」。

主人公は、延々とただ「同じ日」を繰り返す世界に迷い込んでしまった……。

「同じ日」を繰り返すこの映画の最もユニークな点は、
何度も同じシーンが登場すること。特に注目したい「繰り返しシーン」がこちら！

1回目
ホームレスのおじいさん
主人公
フィル！
今夜、食事は？
先約がある。じゃ、元気でな
誘いを断る
水たまりに落ちる
2回目
フィル！
失礼
誘いを断る
水たまりに落ちる

四回繰り返されたこのシーン。ここに隠された「考える」を哲学するヒントとは？
3回目
ウワッ！
フィル！
押しのける
水たまりに落ちる
4回目
寒いね
フィル！
殴る
水たまりに落ちない

繰り返しシーンで何が起きていた？

國分　……という映画なんですけどね。どうでしたか、この映画？

清水　面白かったです。私も、毎日毎日同じ日を繰り返して、そうしたらたとえば一回目うまくいかなくても、学習できるじゃないですか。じゃあこうすればいいんだって。そうしたら、同じ日をより素晴らしい日で迎えられるから、私もなりたいな〜って。

國分　そういうシーンがありましたね。毎日、同じ場面を繰り返す。同じものを何回も巻き戻すみたいに繰り返して、「ああ、これやると駄目だったのか。こっちに行けばいいのか」って繰り返して、うまくやっていく。

注目したいのは、まさしくそのシーン、四回繰り返されるシーンです。これって、四回やって、どこがどういう風に変わっていったでしょう？　何か挙げられますか？

清水　一番わかりやすいので言うと、「穴にはまらなくなる」っていう。

國分　水たまりですよね？　あれは、一番わかりやすい点ですよね。

清水　そう、水たまりにはまらなくなるっていう。

國分　四回目だから、学んでて、それが避けられるようになったってことですよね？　他、どうですかね？　マキタさん。

マキタ　う～ん……。主人公にとってよからぬことが災いとして起こることに対して、対策や予防ができるっていう、……そういうことを表しているシーンなんですが、なんか僕が見てて思ったのは、「備える」っていうことをしたところで、あんまり……本質的には変わってないっていうか。

國分　ほほう。つまり、先ほど清水さんは「備えていればうまくできるんじゃないか」っておっしゃったけど、一方のマキタさんは「備えていてもうまくできないかもしれないよ」と。

清水　え!?　なんでですか？

マキタ　だって……、だって、映画の主人公には水たまりが見えていないわけでしょ？　同じ日を繰り返してても。見えていなかったわけですよ。見てなかったってことですよ！

國分　なるほどなるほど。なるほどなるほど。

清水　エ～……。

國分　いい感じで論点が出てきました。

僕がこの繰り返しシーンで注目したいのはですね、ホームレスのおじいさんが出てきましたよね？　あのおじいさんに対する主人公の対応なんです。

マキタ　うんうん。

國分　ちょっと思い出してみてください。一回見ただけだとわかりにくいかもしれないですけど、一回目、主人公の男は自分のポケットを探ってみせて、財布を持ってない、お金がないフリをするんです。

●1回目　ポケットを探るが、素通り

國分　あれって……、たぶん嘘ですよね？

マキタ　はいはい。

國分　たぶん、ホームレスの人に金をせびられたらいつもそうしているんですよ。お金をせびられた時はいつもこうするっていう〝自動的なパターン〟をやっているだけなんですね。で、二回目も、それをやろうとする。

ところが、三回目って覚えてます？　三回目はね、そこにおじいさんがいることに〝驚く〟んですよ。「うわぁ！、何だ」って。

●3回目　驚く

國分　備えられたはずなのに、「うわぁ！」ってビックリしてるんですね。それで最後、四回目がどうなるかっていうと、今度は冷静な状態に戻って、顔も見ないで、「寒いね」とかテキトーな言葉をかけて行っちゃうわけです。

●4回目　また、素通り

國分　普通は、繰り返すといろんなことへの気づきがだんだん大きくなっていく感じがします。もちろん、そういうこともありますよね。水たまりにはまらなくなったり。でも、それだけじゃなくて、いくら繰り返しても、ある時は気づくが、ある時は気づけない、ということがあるんじゃないか。

清水　はぁ？？

マキタ　そうか〜。「見えている」のに「見ていなかった」っていうことなんですよ。自分の中で無意識に切り取っている画角みたいなものがあって、それが多分、自分にとって必要なものだけが情報として入るようにしていて、それ以外のものは省いているんだな。

清水　ええ？　意識から外していたってこと？

國分　そうそう、自分が周りから受け取るデータや情報には、フィルターのようなものがかかっていて、受け取れるものと受け取れないものがある。

マキタ　意外と、自分が見ている世界って自分の都合がいいように省略しちゃってる。

國分　そう、省略しているんです。つまり、映画『恋はデジャ・ブ』でもそうでしたけど、同じことが起こったとしても、いろいろなことを省略してしか受け取れない。この映画、一見したところ荒唐無稽ですけれども、あの繰り返しシーンが示していることの一つがそれじゃないでしょうか。同じことを繰り返したって、まったく違うように受け取るし、せっかく気づいていたのに、次に気づかなくなっちゃったり。そうしたことを繰り返している。

いつも歩く道なのに、思い出せない……

國分　先ほどマキタさんが、僕らは自分の都合のいいように世界を省略して見ているとおっしゃいましたが、これを別な例でも考えてみましょうか。毎日歩いている道ってありますよね？　学校行く時とか、職場行く時とか。で、毎日そこを歩いて、いろんなモノを目にしている。

ところが、毎日見ていたはずの道の建物がひとつ取り壊されると、「あれ？　ここ、前に何があったっけ？」となってそこに何があったか思い出すことができない。そういうことってありませんか？

清水　あ〜、あります〜。

マキタ　そうそう！　思い出せないんだよ〜。

●いつも通る道なのに、取り壊される前の建物が思い出せない……

國分　あれって、不思議ですよね？　なんで思い出せないのか。毎日、見てたわけですよね。毎日、目にしていた。でも、思い出せない。

清水　うんうん。

國分　さっきの映画の例に似ています。つまり、目には入っているんだけど、見てないってことなんですよ。目にすることと、見ることとは違うわけです。目の前にあっても見ていないことがある。

「習慣」を哲学的にとらえ直す

國分　この例からですね、皆さんが普段、よ～くお使いになっていて、しかし、あんまり小難しく考えたことはないんじゃないかなっていうある言葉について考えてみたいと思います。

何かというと、「習慣」という言葉です。

清水　習慣？

國分　習慣なんて、あまり面白くない言葉だなって思われるかもしれないですね。だいたい、そんなによいイメージはないですよね。小さい時からよく言われませんでした？「きちんと習慣を身につけなさい」って。

清水 すごい言われました～。早寝早起きの習慣を身につけなさいとか、歯磨きの習慣を身につけなさいとか（笑）。

國分 よく言われたよね（笑）。でも、早起きとか歯磨きみたいに、かなり頑張らないと身につかないことだけじゃなくて、今の例のような「毎日同じ道を通る」ってことも習慣ですね。毎日そこを歩くことが習慣になっているから、たとえば友達と歩いていても、スマホをやっていても、曲がらなければいけない路地に来たら曲がることができる。

そして、毎日繰り返されている同じことってたくさんあります。朝起きて顔を洗うとか、寝るときにベッドに入るとか。僕らの生活の中にはたくさん習慣がある。そして、習慣に沿って生きている時には、先ほどの道路の例で言ったようなことが起こっているということになる。

人間はどうやって「習慣」を作っている？

國分 そうすると、ここから、人はどうやって習慣を作っているのか、について考えられませんか。習慣に沿って生きていくとはどういうことでしょう？

清水さん、どうですか？

清水 それって、ええと、慣れで、つまり、さっきちょっと出た「無意識」で、何かが出来るようになっちゃうってことですよね？ 習慣って。

でも、最初には強い意志があるんじゃないですか？ この後にこれをしようって決める、そういう積極的な意志が、無意識的な意志に変わっていくみたいな……。

國分 なるほど、はじまりには、積極的な意志があるのではないかということですね。最初は「こうしなきゃ」っていうことをすごく考える。でも、それがだんだんなくなっていく、と。

では、この話をもう一歩進めるとどうなりますか？ 習慣っていうのは、同じことを繰り返すわけですよね。たとえば、朝起きてから仕事に出かけるまでの間にやることというのは、大体〝パターン化〟してますよね。起きて顔を洗って、お湯を沸かしてコーヒーをいれて、朝食をとって着替えをして……。そうしたことって、ほとんど、考えないでできる。

清水 そうですね。

國分 だけど、同じことを繰り返すって言っても、さっきは映画だから同じ日が繰り返されていたけど、この現実世界では、毎日いろいろ細かく違うわけだよね。

顔を洗って拭く時、「今日は、タオルが三日目で臭い」とか、朝食をとろうにも「昨日飲み過ぎてちょっと胃の調子が悪い」とか。その日の天候や風の向きだって違うし、何もかもがまったく同じ日なんて存在しない。本当は、毎朝いろいろ違うじゃないですか。毎日いろいろ違うんだけど、同じようにできるわけですよね？

清水 確かに。

國分 じゃあ、ここでまた、ドゥルーズ大先生の言葉を紹介しましょう。

「習慣とは、日々の繰り返しから〝違い〟を無視したもの」

……………ジル・ドゥルーズ『差異と反復』より

logos

國分　こういうふうにまとめられませんか？

清水　はぁん？

マキタ　そっかぁ〜。

國分　人間はモノを受け取る時にいろいろ省略している。選択している。つまり、いろんなことを〝無視〟しているわけです。じゃあ、なんで無視しないといけないかっていうと、毎日、いろいろ違いがあるわけだよね？　いちいちその違いに反応してたら、いつも通りできない。「このタオル、昨日と違ってちょっと臭いんだけど……」って、顔洗った後、そのことをじっくり考えてしまったら、朝で急いでいるのにものすごく時間がかかっちゃうわけじゃないですか。だから、無視するわけです。人間は、いろんなことを無視しながら習慣を維持してるんじゃないかということなんですよ。

清水　……確かに。

マキタ　そうか〜、「目をつぶる」。目をつぶるってことはしてるなぁ〜。

清水　これ、すごく、しっくり来ます。

なぜ「習慣」を作るのか？

國分 でも、なんで、そうやって習慣を身につけて、いろんな違いを無視して生活するんだろう？

清水 ん？　なんで、習慣を作るのか？

國分 うん、なんでいろいろ無視して生きているんだろう？

清水 え？　手間だから。面倒くさいから。

國分 そうそう！　そういう日々の違いをいちいち相手してたらどうなっちゃう？

清水 え？　時間、かかっちゃうし。

國分 そう、時間かかるし、エネルギーも使っちゃいますよね？

清水 確かに、確かに。

國分 つまり習慣っていうのは、いろんな違いや新しい刺激を無視することでつくられ、また維持されるものだ、と。いろいろ無視できないと、新しい刺激にいちいち反応してしまい、不安定になる。「このタオル、なぜ昨日と違うんだろう？」とか、「コーヒーカップがなぜここにあるんだろう?」とか、「なぜこのコーヒーはいつもと違う味がするんだろう?」とか、そういうことをいちいち考えては生きていけない。

マキタ　なるほどなぁ。僕自身が田舎の出なんですけど、たまに田舎に帰ってね、昔からの友達とか、親戚の人たちと会うと、ほぼ習慣と「面倒くさい」っていう行動原理で生きている感じがするんですね。習慣っていうのは身に付いたことで、癖みたいなものだと思うんだけど。何か新しいことをやりましょうよっていう時に、「ああ、それもう面倒くさいからいいよ」っていう感じになる。で、決められた範囲内で生きている。だけど、僕がたまに田舎に帰った時にそれを感じるのは、田舎の常識とか田舎で決まり切ったこととは違う都会で今暮らしているからで、だから、いちいち「それ当たり前だと思ってるの?」とかって感じるんですよ。

でも、一方で僕も、自分の暮らしの中に新しいこととかが入ってきた時に、「あ、抵抗している自分がいる」とか、「あ、俺今まで全然考えもなしに自動的に機械的に生きていたんだ」って思って、ハッとすることがあるんですよ。

國分　やっぱり、そうやって自動的に動けていないと大変なんですよね。いちいち新しい刺激に反応していたら、日常生活が不安定になっちゃいますから。

これは正反対のことを考えてみるとよくわかるんです。学生に説明する時によく出す例なんですけど、「肝試し《きもだめ》」のことを考えてみてください。肝試しの何が怖いのかっていうと、何の予想もつかないところじゃないですか。一歩先に進むたびに何が起こるかわからない。だからものすごくエネルギーを使って、「何か来るんじゃないか……」ってビクビクしながら歩いて行くわけでしょ。そうすると、他のことが何もできないじゃないですか。

清水 確かに、歩くこともままならない。

國分 そうだね。歩くのもやっとになっちゃって、他のことを考えたりできない。だから、習慣がない生活がもしあるとしたらね、それはもう四六時中肝試しをしているような状態なんですよ。

マキタ いや、本当そうだな。

國分 何の予想もつかない。何が起こるかわからない。怖い生活ですね。

大人になると、繰り返ししかない

マキタ それか、ものすごい自分の好奇心が開いた状態で生きているとなると、自分の子どもとか見てて思うんですけど、目に見えるものとか、感じるもの、風とか光とかにしても、自分の興味が完全に開いているじゃないですか、子どもって。だからね、夜八時ぐらいに寝ているんですよ。疲れるから。目いっぱい生きているので、彼ら彼女らは。

國分 お子さん、おいくつですか？

マキタ 下の子は、今は小学校二年生ですけど。それがお姉ちゃんの方とか見ていると、だんだん麻痺してってるな、と。つまり、（成長して大人になるにつれて）いろんなものを省略していってるんじゃないかっていう感覚は何となくあって。下の子はやっぱりもう、感性開きっぱなし。だから、とにかくエネルギーをギリギリまで使って、本当に死んだようにコテンって寝るの。感じきって事切れるようにしてバタンと寝る。俺はやっぱり夜中の二時、三時まで起きていられるのは、いろんなことを無視しているのかもしれないって、今話を聞いていて思った。

國分 子どもってまだ、いろんな習慣がないから、あまり省略してないんですよね。逆に子どもって、同じことを繰り返すのが好きじゃないですか。ブランコもそうだし。面白いこと一回言うと、「また言って、また言って」って。

マキタ あれ、きついんだよな。

國分　それ、大人だったら耐えられないんだけど、子どもはやっぱり繰り返すっていうことをまだあまりやっていないから、繰り返しが楽しいんでしょうね。

大人になると繰り返ししかないから、受け取ることが少なくなって……。

「考える」と「習慣」の関係

國分　さて、マキタさんにほとんど答えを言われてしまった感じもしますが（笑）、今日のテーマである「考える」ってことについて、今、お話してきたことから何か分かってくるんじゃないでしょうか。

あるいは、ドゥルーズが「人間はめったにものを考えない」とか、「考えるんじゃなくて、考えさせられるんだ」って言っていたことについて、だいぶ根拠みたいなものが見えてきた感じがするんですけど、清水さん、いかがですか？

清水　え、全然結びつかないです（笑）。

國分　じゃあ、一つ一つ再確認していきましょう。

まず、「習慣」は何のためにあるんでしたっけ？

清水　習慣は、いろんなものを省いて、効率よくするため。

國分　そうすると、効率がよくなっていく状態っていうのは、もうちょっと言い換えていくと、どういう状態ということになる？　モノを考える状態？　考えない状態？

清水　考えない状態！

國分　そう、考えない状態だよね。そして、その状態を作り出すのはけっこう大変。というのも、さっき清水さんがおっしゃったように、最初はすごく一生懸命やらないと習慣はできないですよね。習慣を身につけるってすごく大変なわけです。

たとえば、僕なんか大学生を見ていて思うんだけど、四月に入学してくると、ほとんどの学生は独り暮らしなんですけど、一八歳、一九歳で独り暮らしって大変じゃないですか。で、最初は全然うまくいかないからすごく一生懸命やらなきゃいけないけど、五月ぐらいになると全部、習慣になっていくわけですね。でも、逆に言うと、最初がすごく大変だっていうこと。すると、人間はものすごく一生懸命努力しながら、何にも考えなくてもいい方向へ向けて生きている、っていうことになる。

マキタ　なるほど。物理みたいな話になるけど、飛行機って、離陸はすごいエネルギーを使っているけど、揚力《ようりょく》がついて飛んだら、ほとんどエンジン切っていても飛んでいるみたいなさ。人間も、そういう状態になった方が楽と言うか。

人間は考えるものだと思っていたのに、実は〝思考停止した状態で走れる〟っていう状態を目指していたってことなのかもしれない。

國分　エネルギーを節約しているとも考えられる。エネルギーをなるべく節約して、いろいろ考えないで、同じことを繰り返して生きられるように、実はものすごく工夫して人間は生きている。

清水　私たちは、何でそっちに向かっていってるんですか？　面倒だからとか、その方が楽だからって言ってしまえばそれまでなんですけど……。

國分　さっき言った、正反対の例を考えてみるといいんですよ。習慣がまったくない状態はどういう感じでしたっけ？

清水　手間がかかって。つねに不安定で。怖い。肝試し状態。心配事が尽きない。

國分　そう。たとえばね、ドアの前に来て、ドアノブをひねってドアを開けて入る時でも、習慣でやっているわけ。ドアについてるノブを回すとそれが開くんだって思っているから、ドアノブをみたら入るために回すというのが習慣になっているわけでしょ。でも、ドアというものを知らない人だったら、「何だろう、これ？」ってなる。「壁が続いていて行けないぞ」ってなっちゃう。「回せば開くだろう」っていう〝予測〟や〝期待〟があってはじめて、落ち着いて生きていけるわけですね。それがないと、ず～っと肝試ししているような状態に陥る。

だから、落ち着いた毎日を送るために習慣が必要だとも言えますよね。子どもたちが、きちんと習慣を身につけた方がいいのは、それによってはじめて落ち着いた毎日が送れるようになる。そうでなければ、勉強もできない。だから、習慣というのは生きていく上でとても大切というか、必要不可欠なんですね。

第三幕

「人はどんな時に、考える？」

人はどんな時に「考える」？

國分　さて、人は一生懸命努力しながら、考えなくていい方向に向かって生きているという話をしてきました。で、問題は、じゃあ、それとは逆に、どういう時に僕らは考えるんだろうっていうことですよね。人も確かに考えるわけでしょ、やっぱり。

清水　考えますよ～。「この先、どうしていこう」とか「うまくいかなかったらどうしよう。今、うまくいかせなきゃいけない。そのためにはこうしなきゃいけない」とか。

國分　そうそう、やっぱり僕らは考えるわけですよ。でも、それはいつ、どうやってなのか。

　ここで再び、映画『恋はデジャ・ブ』に戻り、これを観ながらこの問題へのヒントを探っていきたいと思います。

延々と繰り返される
「同じ日」。
主人公の男は……
暴飲暴食
ゆきずりの恋
お金を盗んだりと
やりたい放題
そんな中、
ふと深夜の路地裏で
ある人物を見かける。
朝、いつもすれ違っていた
ホームレスのおじいさん。
男は、おじいさんを病院へ
連れて行く。……しかし。

亡くなりました
…………。
寿命だったのよ
お代わりを
「同じ日」を繰り返す世界で、なんとかおじいさんを助けようとするが……

しっかりしろ！
その日は、おじいさんの「人生最後の日」だった。
その後、男の行動は一変する。
人助けに奔走する主人公
男を変えたものとは？

「習慣」を突き崩す〝不測の事態〟

マキタ　う〜ん。

國分　これね、コメディ映画なんだけど、ここのシーンはねぇ……、ジ〜ンと来る。グッと来るシーンです。今のシーンからいろんなことが言えますね。この主人公は、毎日同じ日を繰り返してるけど、やはりその中でも、習慣ができてくるはずですよね。たとえば、「もう暴飲暴食でいいや」っていう習慣とかね。あとは、悪いことしまくって「それでいいや」みたいな習慣。そういう習慣を彼は生きているはずですけれど、でも、やっぱりその習慣を突き崩すようなことがたまにあるわけです。それが、ここでは、ホームレスのおじいさんの死だった。

マキタ　〝イレギュラーな事態〟というか、〝不測の事態〟というか、そういうことにぶち当たった時にしか「考えない」というか。

國分　うん、そうですね。マキタさん、すごくいい言い方で説明してくださいました。イレギュラーなこと、いつもと違うこと、そういうことが、人間にモノを考えさせ﹅る﹅んじゃないか。
ドゥルーズはそのことをこんな風にまとめているんです。

「思考の最初にあるのは〝不法侵入〟」

ジル・ドゥルーズ
『差異と反復』より

logos

清水　「思考の最初にあるのは〝不法侵入〟」？　どういうこと？

國分　今度もさっきみたいに、文を分解して考えましょうか。「思考の最初にあるのは」って、どういうことでしょうね？

清水　思考のきっかけ。

國分　いいですね！　すると、「思考のきっかけは〝不法侵入〟」と言い換えられますね。「不法侵入」っていう言葉はちょっとカタいんですが、「不法に入ってくる」ってことですよね。つまり、「入ってきちゃいけないのに入ってくる」ということ。どこに入ってくるんでしょうね？

清水　え？　自分に？

國分 たぶんそういうことじゃないでしょうか。僕らの中に入ってくる。じゃあ、その僕らってのはどういうものなんでしたっけ？

清水 習慣化された人間？

國分 そうですよね。習慣化された人間。習慣を生きている存在です。そうした人間の中に入ってくる。あるいは、習慣の中に不法に入ってくる、と言ってもいいかもしれない。人間が必死で作って、維持している〝自動的なパターン〟に、不法に入ってきて、それをぶっ壊しにくるものがたまにあるってことですね。

たとえば、映画『恋はデジャ・ブ』だったら、ホームレスのおじいさんの死がそうだったわけですよね。モノを考えないですむ生活が続いていたのに、それを壊す出来事があって壊れてしまう。そこで、この主人公はいろいろと「考える」ようになる。

マキタ 僕は、あの……、3・11（東日本大震災）の時にすごく思ったんですけど、あれは「想定外」の出来事だと思ったんですよね。実際、あの時は「想定外」って言葉がいっぱい出回って、よくよく考えてみると、「想定内」と「想定外」って何だっていうことをすごく思ったんですね。

やっぱり人間って生きている時には、予測がつく範囲内というか、「想定内」っていうものをどんどん広げていっているだけで……。でも、いつも「想定外」っていうのは、その想定されたものの外側からやってくる。だから、〝不測の事態〟というのは、人間がどれだけ想定の範囲を広げようとも、いつも外側からやってくる。

だから、その時に思ったのは、死とか人間にとってネガティブなものというのは、絶対どこかで起こるんだけど、そういったものを普段はいかにして自分で意識の外にはずしているのかっていうことを、すごく感じたんですよね。その出来事と似ているのかなって思いました。

清水　みんなが生きていて、自分も生きていることが〝当たり前〟の中で語られていることってありますもんね。

國分　これが当たり前だろうっていう〝予測〟や〝期待〟。こういうふうに物事は進んでいくんだろう、こういう風に社会は進んでいくんだろう、こういう風に僕の人生は進んでいくんだろうっていう〝期待〟と〝予測〟があって、やっと人間は生きていける。それが習慣を作って生きていくということですよね？

でも、今マキタさんがおっしゃったように、必ずその外側がある。習慣を突き崩すようなものが入ってきたりする。それは、先ほどのおじいさんの死とか震災とか、非常に大きな出来事でもあるだろうけれど、それだけじゃなくて、もっと小さなことでもあると思うんです。たとえば、ドアノブの例を挙げましたけど、いつも開くはずなのに回しても開かないとか。「あれ、何で開かないんだろう？」って考えますよね。

清水　「思考の最初」ですよね。

國分　そうそう。その思考は、本当にちょっとした些細なものだけど、そこには思考がある。ドアノブについての、ちょっとした思考です。

人間はほとんどを〝自動化（パターン化）〟して生きている。けれども、たまに予測に反することに遭遇し、そして、考える。

「コロッケそば」が〝不法侵入〟？

マキタ　「コロッケそば」って食べたことある？

清水　ないです（笑）。

マキタ　立ち食いそば屋さんで「コロッケそば」ってあるんだけど、多分あなたにとっては考えられない食べ物だと思うのね。

清水　知らなかったです。

●コロッケそば

マキタ　僕も考えられない食べ物だったんです。で、食べてみたんですよ。そしたらね、僕にとってはコロッケってそれだけで独立した食べ物で、おかずにちゃんとなるわけで。だから、味付けがしっかりしているんです。でも、味付けがしっかりしているおだしと、味付けがしっかりしているコロッケが混ざると……、僕にとってはすごく味付けが濃いものになって、甘ったるく感じるんですよ。そういうことを、コロッケそばを食べているファンの人に言ったら、「おまえは何を言っているんだ。あんなもの黙って崩して食べたらおいしいんだ！」みたいなことを言われて。でも、僕は「いや、違う。あれはどう考えても、コロッケそば用に作られたコロッケじゃないぞ」と。だから、コロッケそば用のコロッケというものを作ったら僕は認めるけど、コロッケそばっていうのは、まだそこに関してはそんなに考えられていないって言ったら、「何を君は言っているんだい？」と言われて（笑）。だから、本当につまらないようなことかもしれないけど、僕は、初めて「コロッケそば」を食べた時のインパクトが忘れられないんですね。まさに何か思考に〝不法侵入〟されたような。「何だこれは？」って思って。

國分　確かに、不法侵入ですよね（笑）。

マキタ　不法侵入です。だから、もう「コロッケそば」について考えざるを得なくなったんですよね。

清水　分かりやすいです（笑）。

國分　僕の場合だと、「ラーメンライス」が不法侵入ですかね（笑）。

マキタ　でも、まったく疑いなく、考えずに食べている人はいますもんね。

國分　お好み焼きといっしょに白米食べるのに抵抗ある人も多いですよね。僕もです。かなり不法侵入ですね。

「考える」は、何かによってさせられる出来事

國分　さてさて、最初にやったのを思い出してほしいんですけど、「考えるんじゃなくて、考えさせられる」って話をしましたよね？　これ、もうだいぶ、見えてきましたよね？

清水　物事に、ぶち当たった時に、考えさせられる？

國分　いい感じですね。つまり、「考えるぞ！」って思って考えるんじゃなくて、何か考えさせるものがやってきて、仕方なく考えるわけですね。

考えるっていうのは、やろうと思ってやれることじゃないわけですね。むしろ、何かに

よってさせられることであり、やることというよりは、起こること、つまり、出来事みたいなものですね。

マキタ　そっか〜。

國分　習慣を作って生きているという点では、人間は考えない方向に向かっている。でも、たまに、何かの不法侵入を受けて考えさせられる。思考するという出来事が起こる。もっと言い換えると、人間は本当はものを考えたくなくて、考えなくてすむんだったらそれですませたいけれども、やはりそういうわけにはいかなくて、どうしても時たま、考えさせるものに出会ってしまう。

ここまで見てきたことからは、そんな人間像が見えてきますね。だから、よく「人間には考える力がある」とか言うけど、別に普段から何かを考えようとしているわけじゃなくて、その逆なんですね。

マキタ　逆なんだ。

國分　そう、人間は考えたくないんですよ！　だから、最初に僕がひっくり返したい常識があるって言いましたよね？　「考えるって楽しい！」っていうような世間の常識。モノを「知る」とか「理解する」っていうのは「楽しい」と思うんです。分かっていくよろこびがある。だけど、モノを「考える」っていうのは、それとは違う。考えないでず～っと今の習慣のままで過ごしていきたいところなんだけれど、どうしてもそれを邪魔するものが現れるから、それに何とか対応しようとしてやってることなわけですよね。

たとえば、考えた結果、何かを得られてうれしい、楽しいということはあるかもしれないけれど、考えること自体は大変なことだし、とても「楽しい！」って目をキラキラさせて言えるようなことじゃない。

習慣って、新しい刺激から身を守るための盾《たて》のようなものかもしれません。この盾のおかげで、同じことを繰り返しながら、考えずに生きていられる。でも、その盾を破壊しちゃうようなものがどうしても来るから、やはり考えてしまうわけですね。とはいえ、その新しい刺激にもだんだん慣れていき、それを習慣の一部にしていく。新しい考え方に出会うとかも、そうですよね。だんだん、それが自分の今までの考え方になじんでいくとか。

不法侵入というのは、本当に広い意味で考えられると思うんです。平和なところに生きていたら、たとえば学校にも行けず、食べ物すらない子どもがいるって知るとショックです。「どうしてこんなひどいことが起こるんだろう？」と考える。それはさらに次の行動につながるかもしれない。

でも、考えることのきっかけは、もっと些細な日常的なことの中にもあります。コロッケそばでも人はものを考える。あるいは、映画『恋はデジャ・ブ』では、見ず知らずのホームレスのおじいさんの死によって主人公がものを考え始めた。

世界ではすごくいろんなことが起こっているから、考えたくない人間も、仕方なく考えさせられてしまうわけですね。

「失望」と「思考」の関係

國分　先ほどマキタさんがおっしゃっていた〝イレギュラーなこと〟って、すごくいい言い方だと思います。「想定外」のことっていうことですね。それをね、ドゥルーズがまた別の面白い言い方をしているんです。

「失望は、探求にとっての大切なきっかけ」

ジル・ドゥルーズ
『プルーストとシーニュ』より

logos

マキタ　なるほど。俺、「コロッケそば」に失望したもん。でも、探究するきっかけになったもんなぁ。

清水　何の探究ですか（笑）。

マキタ　俺、コロッケを自分で作ってみたの。「コロッケそば」に合うような。味付けを薄めにすればなじみが全然違うんですよ。

清水　めっちゃ探究してますね（笑）。

國分　食べたい、それ（笑）。

「失望」って、期待や予測が裏切られるということですよね。みんながコロッケそばをうまそうに食べている。「うまいんだろう」と思って食べて、それで本当に「おいしかったな」だったらそこで終わりですね。それはそれでいいわけですね。

でも、マキタさんの場合は、「何これ、甘すぎるじゃん」って思ってそこから考えた。

そして探求した、と。

だから失望するって、なんかよくないイメージがありますが、それは期待や予測が裏切られるという意味では考えるための大きなきっかけであるわけですね。人は習慣を通じて期待通りに物事が進み、安定して生きていけることを目指しているのだけれども、それがうまく行かなくて、失望すると、ものを考えるという出来事が起こるわけです。

私たちは、あの映画（『恋はデジャ・ブ』）に向かって生きている

國分　だからね、「毎日が同じことの繰り返しだ」なんてよくネガティブな言い方しますけど、いやいや、それが出来ているからこそ、むしろ安定しているし、あるいは安定しているからこそ、何かを考えられるとも言えるんですね。だって、もし毎日ドンパチやっていたり、新しい刺激ばかりだったら……。

マキタ　無理だ。まったく余裕がない。

國分　まったく考えられないでしょ。だから、〝自動化したパターン〟っていうのをきちんと作り出せる、習慣をきちんと作り出せるっていうことが、何をするにも大切だし、特

にモノを考えるっていう上では大切なんですね。自動化したパターンを生きることができていればこそ、考えるきっかけも受け取れるようになる。
映画『恋はデジャ・ブ』は、毎日同じ日を繰り返すループの話ですけれど、ある意味では、私たちはあの映画の世界のようなループする毎日に向かって生きているとも言えますね。

清水 確かに。より大きな安定へ。

國分 そう、より大きな安定に向かうためにね。
今はそうでもないけど、二十年前ぐらいだと、「習慣」とか「安定」とか「自動化」とかを否定的に見る空気があったと思うんだよね。「終わりなき日常」という言いまわしがあったけど、その場合も、「日常」という繰り返されるものが退屈であることが前提だった。そういう思想が以前は強かった気がする。

清水 社会全体がですか?

國分 世相というか、社会にそういう雰囲気はあったと思うよ。でも、それって、どこか根本的なところで人間の生を見誤っていると思う。人間は本当は環境がコロコロ変わっていたらうまく生きていけないんだよね。だから、習慣のもとで自動化された日常を生きようとするわけでしょ。そうでなければ生きていけない。それなのに、それはイヤなことだみたいな考え方があったんだよ。習慣に基づいて生きていければこそ、考えさせるものを受け取り、ものを考えることもできるのにね。

さて、ここで、そろそろ今回の結論に行きたいと思います。

〆《しめ》のロゴス

「習慣は、思考の母」

マキタ　そうかぁ〜。すごい、これはなるほどね。いろいろ先生に導かれるまま話したことで、なるほどねって思うね。実は、習慣には、考えることのきっかけが眠っている、と。

國分　そうそう。習慣がないと新しい刺激を受け取れないんですよね。つまり、習慣ができていればこそ、それを突き崩すものが現れた時に、それに対応できるわけですよね。対応して考えるわけです。思考という出来事が起こる。

　今日は、習慣をキーワードにいろいろ話してきましたが……。

清水　何か知らず知らずのうちに自分は習慣の中で生きていたんだなって思いましたね。たぶん、私は、さっきもポロッと言ったんですけど、どちらかというと「考えなきゃ、考えなきゃ。どんな小さいことでも大きいことでも考えなきゃ」っていうのが習慣化されているんですけど。でも、やっぱり超疲れますね。

國分　うん。

清水　ものすごく疲れます。子どもは無意識に好奇心とかがパッと開いているけど、自分は気にしなきゃみたいな感じで無理矢理開かせていて。なので、かなり対応できていないですね。ずっと開いたままだから。〝不法侵入〟っていう枠も一九歳だから、ある程度、自分の敷地みたいなものがあるはずなのに、ずっと無理矢理開いていて、なおかつそこからいろんなものが入ってくるから、全然対応できていない……。

國分　多分、清水さんがそうやって考えることができているのも、自分なりの落ち着いた習慣を作って生きていることの証拠だと思うんですよ。習慣を作って生きていけるというのが、〝生きる力〟と言ってもいいかもしれない。その力があるからこそ、「今日、演技で失敗しちゃった。私、これから大丈夫かしら」とかって、問題を考えることもできるわけですよね。

　習慣を、今日話してきたみたいな視点から考えると、毎日同じように繰り返して生きていくのは、別にそんなに悪いことじゃないどころか、必要なことなんだっていう感じがしませんか？

清水　します。なんか、かけるべきエネルギーをかけるべきところがあって、そこにエネルギーを注ぐために、それ以外のものを簡略化していくっていう感じ。

國分　だから、〆《しめ》のロゴスの「習慣は、思考の母」っていうのはね、習慣がモノを考える上での〝下地〟みたいなものだということですね。習慣がきちんとできていれば、モノを考えることもできるようになるってことですからね。

「哲学を学ぶ」とは、「概念を体得する」こと

國分　今日は、いくつか概念を扱ってきました。中心になったのは、ドゥルーズの思考の概念。それと習慣の概念ですね。

哲学の勉強って、誰々が何々と言いましたっていうことを延々と暗記していくってイメージがあると思うんですけど、本当はそういうことじゃないんです。今日、取り上げた習慣って概念だったら、たとえば、違いを無視することとか、自動化とか、不法侵入とか、いろんな要素が絡み合っているわけですね。それらの要素がネットワークみたいになっている。そうした要素を整理して、理解して、身につける、これが哲学の勉強なんです。

清水さん、最初にドゥルーズは、哲学は何だって言ってたんでしたっけ？

清水　哲学は〝新しい概念〟を作り出す！

國分　そう！　哲学者はいろいろな「概念」を作り出すわけだよね。それら一つ一つの概念について、「一体どういう概念なんだろう？」って研究して、それを身につけること。つまり、自分で概念を使いこなせるようになること。これが哲学の勉強。誰が何々と言っ

たとかを単に覚えてもダメなんだよね。「なるほど〜」って感触をもってその概念を理解して、自分で使いこなせるようにならないと。

今日取り上げた思考と習慣にしても、それが身につくと、日常生活の見方とか、生き方とかに変更をもたらすところがあると思うんですよね。

マキタ　ビックリだよ。だってさ、「考えることは楽しい」っていうことを疑ったわけだよ。「習慣は盾である」っていうのも、すごく面白いよね。身を守っていてくれたんだって。

國分　無数の新しい刺激からね。だから、安心して生きていけるわけですね。

これまでの哲学者たちがつくったいろんな概念があります。それを勉強するのはすごく面白いし、自分の人生を楽しくすることにもつながるし、モノの見方を変えてくれる。

だから、まぁ、ちょっとは役に立つでしょ、哲学って?

清水　うん、面白いですよね。

マキタ　面白いけど、頭使うとお腹が空く。

國分　じゃ、今日はコロッケそばで(笑)。

マキタ　コロッケそば、食べたくなりました? 食べてくださいよ。

〝不法侵入〟されますから(笑)。

人は〝考えない〟ように生きる。
しかし、時に〝考えさせる〟何かと出会う。

おわりに

「ＮＨＫなのに『哲子の部屋』なんて、そんな番組名ありなの⁉（笑）」とよく言われます。某有名長寿番組と一字違いの、一見フザけたタイトルのこの番組を企画したのは、二〇一一年秋のことでした。

そもそも、番組を企画した私自身は大学で哲学を専攻していたわけでもなく、哲学に対しては「取っつきにくくて役に立たないもの」というネガティブな印象を抱いていました。

しかし、ある日、そうした哲学へのイメージを大きく覆される出来事に出会いました。

その頃、よく聞いていたＴＢＳラジオ『小島慶子　キラ☆キラ』という番組に、哲学者の國分功一郎さんが出演されていて、映画『ファイト・クラブ』を題材に、我々が生きる消費社会について「消費」と「浪費」という概念の違いを元にとてもわかりやすく、かつたいへん楽しく話されていました。しかも、内容は驚くほどわかりやすく、哲学を苦手に感じていた私にもそれらの概念がスッと理解でき、自然と頭の中に入ってきました。おかしな言い方ですが、「哲学なのに、わかる」という体験が新鮮で、なんとも小気味よかったのです。國分さんは私とほぼ同年代で、その頃はまだテレビ出演もなく無名に近い存在でしたが、これまでと違う新しいタイプの哲学研究者が現れたと直感しました。そして、すぐに國分さんを出演者に想定し、『哲子の部屋』というタイトルの企画書を一気に書き上げたのです。

そうして生まれた『哲子の部屋』第一弾の放送は、二〇一二年の夏。今やさまざまなメディアに引っ張りだこの國分さんも、この時がテレビ初出演でした。それ以来、放送は年に一度、Eテレ深夜の単発特番として細々と放送を続け、二〇一四年夏になんとか第三弾を放送することができました。この『哲子の部屋』書籍版の第一巻は、二〇一四年夏に放送した第三弾の第一回目の放送内容になります。

第三弾で改めて「哲学って、考えるって何?」という根本的なテーマを設定したのは、過去二年にわたって『哲子の部屋』を制作してきた経験から、巷で「今、哲学が密かなブーム」などと言われるわりに、そもそも「哲学」というものを誤解していたり、勘違いしている人が大勢いることを肌で感じたからです。実際、哲学番組を作っていると言うと、同じテレビ業界の人間からも「……で、どんな〝哲学者〟を取り上げるの?」とよく聞かれます。決して「どんな〝概念〟を取り上げるの？」とは聞かれないのです。「哲学」と言えば、「偉い哲学者が言ったよくわからないけど有り難そうな言葉を聞くもの」という漠然とした先入観を持っていることが透けて見えてきます。確かに、巷でよく売れている哲学関連本にはそうした類のものが多いように感じます。

しかし、國分さんが語っているように、哲学を学ぶことの本質は「概念」を体得することにあります。何よりもまず、そのことを広く浸透させたいと思い、基本に立ち返って「そもそも哲学とは？」という問いから再出発することにしました。

番組内容や構成の流れは、事前に國分さんと私で練りに練った上で収録にのぞんでいます。清水富実加さんやマキタスポーツさんはどんな返しをしてくるか、詰め将棋のようにリアクションを想定しながら内容を吟味して収録当日を迎えます。ところが、毎回、清水さんは容赦なく「わからない」「ピンと来ない」という発言を連発し、マキタさんは頭の回転の速さと勘の良さから後々説明しようとしていた内容をどんどん「先食い」してしまいます……（笑）。

その一方で、清水さんが素直に「疑問」を呈することで國分さんの説明がさらに引き出されたり、マキタさんが國分さんの説明を自分なりに「翻訳」したりという化学反応が起きます。この三人の絶妙な掛け合いはまさにハイブリッド（混成）で、それによって小難しい「哲学」のイメージとは一線を画す『哲子の部屋』らしさが醸し出されていると思います。

毎回、放送では三〇分弱の長さに編集していますが、実際の収録は二時間近くにも及びます。カメラマンやＡＤの姿さえ見えない〝完全密室五面鏡〟の中で展開するこの番組は、リハーサルも行わず、収録は本番一発勝負。ノンストップで、ガチンコ哲学対話が繰り広げられます。

この三人のスリリングで貴重な哲学対話を、できるだけノーカットでお届けする手段はないだろうかと考え、今回、河出書房新社の吉田久恭さんのご協力を得て、こうして書籍化できることとなりました。「哲学」に関する本という常識とかけ離れて、あまりに読みやすく、拍子抜けするくらいにわかりやすく感じられたかもしれません。しかし、それこそが「哲学」に対して抱いていた常識の壁がいかに厚かったかを表しているのだと思います。

今回は、人を考えさせ、成長させるのは、イレギュラーな「出来事」であると語られました。では、どうしたらそうした出来事と出会う機会を増やすことができるのでしょうか？

その問いの答えは、続く『哲子の部屋』書籍版第二巻「人はなぜ学ばないといけないの？」の中にあります。

NHKエデュケーショナル　主任プロデューサー　佐々木健一

（『哲子の部屋』企画・構成・演出、書籍版『哲子の部屋』構成）

哲子の部屋 I

哲学って、考えるって何?

2015年5月20日　初版印刷
2015年5月30日　初版発行

監修　**國分功一郎**

著　**NHK『哲子の部屋』制作班**

発行者　**小野寺優**

発行所　**株式会社　河出書房新社**

東京都渋谷区千駄ヶ谷2-32-2
電話　03-3404-1201〔営業〕　03-3404-8611〔編集〕
http://www.kawade.co.jp/

組版　**KAWADE DTP WORKS**

印刷　**株式会社亨有堂印刷所**

製本　**小髙製本工業株式会社**

Printed in Japan　ISBN978-4-309-24705-2

3巻
同時刊行!!

哲子の部屋 I 哲学って、考えるって何?

監修● 國分 功一郎
NHK「哲子の部屋」制作班

60分でわかる
ドゥルーズの“概念”

哲子の部屋 II 人はなぜ学ばないといけないの?

監修● 國分 功一郎
NHK「哲子の部屋」制作班

60分で
モノの見方が変わる!!

哲子の部屋 III “本当の自分”って何?

監修● 千葉雅也
NHK「哲子の部屋」制作班

60分で
「自分」が変わる!!